건강한 소그룹 모임을 위한

주빌리 성경공부 ❷

| 관계편 |

건강한 소그룹 모임을 위한

주빌리 성경공부 ②

| 관계편 |

2024년 12월 6일 처음 펴냄

지은이 | 유은주
펴낸이 | 김영호
펴낸곳 | 도서출판 동연
등   록 | 제1-1383호(1992년 6월 12일)
주   소 | 서울시 마포구 월드컵로 163-3
전   화 | (02) 335-2630
팩   스 | (02) 335-2640
이메일 | yh4321@gmail.com
인스타그램 | instagram.com/dongyeon_press

ISBN 978-89-6447-073-2 04230
ISBN 978-89-6447-071-8 04230 (주빌리 성경공부 시리즈)

본 저서는 2020년 대한민국 교육부와 한국연구재단의 지원을 받아 수행된 연구에 기초함
(NRF-2020S1A5B5A17091101).

건강한 소그룹 모임을 위한

주빌리 성경공부 ❷

| 관계편 |

유은주 지음

동연

먼저 『주빌리 성경공부』의 출간을 축하합니다. 아스머 교수의 논의에 기초해 신념, 관계, 신비, 헌신으로 구성된 이 교재는 교회와 캠퍼스의 신앙교육에 큰 도움이 될 것입니다. 그것은 기독인들이 실생활에서 마주하는 다양한 이슈와 관련해 성경은 어떻게 말씀하고 있는지, 신앙인들이 어떻게 해야 하는지 안내하고 있기 때문입니다.

　이 책을 펼치는 이들마다 스스로 생각하고 판단해서 어떻게 하면 자기 삶속에서 하나님의 뜻을 이룰 수 있을지를 숙고하게 될 것입니다. 서로의 생각을 듣고 자기 생각을 이야기하면서 성경적이면서도 현실적인 방안을 찾을수 있는 질문을 마주할 것입니다. 그리고 영과 육, 성과 속, 사랑과 정의 등으로 분리하던 이분법적 세계관을 극복하고 모든 것을 다스리시는 하나님 중심의 통전성을 회복함으로써 건강한 신앙을 형성하게 될 것입니다.

　신앙 교육에 40년간 함께해 온 제게 이 교재는 예수 그리스도의 하나님 나라 비전을 키우는 데 큰 도움이 되리라 확신합니다. 이 책을 접하는 이들마다 하나님의 은혜가 가득하기를 기원하며 적극 추천합니다.

전 한신대 기독교교육학과 교수
공덕교회 담임 이금만 목사

이 책은 건강한 소그룹을 원하는 공동체라면 반드시 적용해야 할 성경공부 교재입니다. 저는 목회현장에서 건강한 소그룹 사역을 위해 준비된 리더와 더불어 좋은 교재의 중요성을 절실히 느꼈습니다. 이번에『주빌리 성경공부』를 보면서 이토록 잘 집필된, 균형 잡힌 교재가 있을까라는 생각을 하게 되었습니다.

이 책은 각 과마다 네 단계로 구성되어 말씀과 자신의 생각을 비교하게 함으로써 소그룹 나눔을 깊이 있고 밀도 있게 이끌어줍니다. 또한 분기별 실천하기 파트는 소그룹이 무엇을 지향해야 할 것인가를 분명하게 보여줍니다. 이 모든 내용이 통전적으로 하나님 나라의 회복이라는 관점에서 일관성을 유지하고 있다는 점에서 소그룹이 어떻게 구성되어야 하는지를 깨닫게 해줍니다.

코로나 팬데믹 이후 소그룹 사역이 큰 관심을 받고 있는 가운데 소그룹 사역이 개인의 신앙 성장에 기여하는 것은 물론, 사회적인 병리 현상까지 치유하고 새롭게 하는 대안적 사역으로 발전하기 위해서는 영성과 지성, 인성과 사회성의 모든 영역이 통전적으로 다루어져야 할 필요가 있습니다. 오랜 시간 동안 튼실한 학문적 바탕 위에 출간된 네 권의 교재는 한국교회의 건강한 소그룹 사역에 크게 기여할 것이라 믿어 의심치 않습니다.

한국소그룹목회연구원 대표
서현교회 담임 이상화 목사

저자의 글

　오늘날 한국 교회는 새로운 출구를 필요로 합니다. 교회에 대한 사회적 공신력이 크게 약화된 오늘날 교회는 어떤 역할을 감당할 수 있을까요? 먼저 기독교인으로서 우리의 정체성을 명확하게 인식해야 합니다. 우리는 하나님 나라의 백성이자 사회의 구성원으로 이중적 정체성을 잊지 말고 균형적 관점에서 사회 이슈들을 말씀에 비추어 보면서 오늘날의 현실 속에서 제자도를 실천해야 합니다. 또한 지금까지 영과 육, 성과 속, 사랑과 정의 등으로 분리했던 이분법적 세계관을 극복하고 하나님 중심의 통전적 세계관을 회복해야 할 것입니다.

　이때 우리는 동화 속 세상처럼 흑백이 명확히 구별되기보다 무엇이 옳고 그른지를 파악하기 쉽지 않은 경우를 종종 마주하게 됩니다. 그래서 이 책은 닫힌 질문보다 열린 질문을 통해 개방적 성찰 역량을 기를 수 있도록 했습니다. 또한 다양한 토론거리를 마련하여 구성원들 간의 관계적 소통 역량을 강화할 수 있도록 했습니다. 더 나아가 구성원들 상호 간의 필요를 파악하고 그것을 채우는 평등적 나눔 역량을 육성할 수 있도록 다양한 실천 방안을 제안했습니다.

　이런 구상은 사실 오래 전 외국 학생들과 소그룹 모임을 하면서 시작되었습니다. 당시 성경공부 교재들을 살펴보니 교재들이 주로 조직신학적으로 배열되어 교리를 설명하는 데 초점을 두고 있음을 알게 되었습니다. 이에 오늘날의 상황과 관련하여 우리에게 어떤 실천이 필요한지를 모색하게 하는 데 한계가 있어 보였습니다. 특히 변화하는 사회 속에서 경쟁이 심화되고 있는 가운데 교회는 어떤 역할을 할 수 있을지 함께 고민해야 할 필요를 느꼈습니다. 그 결과, 이 책은 구약의 희년사상을 토대로 공생, 공존, 공조라는 하나님 나라의 가치를 환기시키고자 했습니다.

출판을 위해 먼저 한국연구재단과 동연출판사의 김영호 대표님을 비롯해 박현주 팀장님과 모든 선생님들께 감사드립니다. 또한 귀한 시간을 들여 교재를 검토해 주신 교수님, 목사님, PPT 자료 제작을 도와준 배요한 전도사와 동역자분들에게 깊이 감사드립니다. 이 책을 통해 우리가 정의와 평화의 하나님 나라를 향해 한 걸음 더 가까이 나아갈 수 있기를 소망합니다.

2024년 11월
유은주 드림

차 례

가족(Family)

부록

관계편
Relationship

학습목표

주제	과 제목	학습 목표
친구	내 친구	다윗과 요나단, 다니엘의 친구들을 통해 친구 관계의 중요성을 이해하고 친구들과의 선한 협력을 모색한다.
	유유상종	비슷한 관점과 상이한 관점의 장단점을 고찰하고 다른 성향이나 관점의 차이를 극복할 수 있게 하는 이해의 토대를 마련한다.
	이성 교제	룻과 보아스, 삼손의 사례를 통해 이성 교제를 하는 데 무엇이 중요한지를 고찰하고 신앙에 기초한 이성 교제를 결단한다.
	참된 친구	말씀을 통해 참된 친구는 어떤 친구인지 이해하고 주님을 본받아 어려움을 겪는 사람들의 친구가 되기로 결단한다.
멘토	도움이 필요할 때	한나와 니고데모를 통해 멘토의 필요성을 인식한다.
	인생의 멘토	멘토의 중요성을 이해하고 멘토링과 가스라이팅/그루밍의 차이점을 이해함으로써 잘못된 가르침에 빠지지 않도록 한다.
	지혜로운 멘토링	다윗과 나단, 에스더와 모르드개를 통해 올바른 멘토의 역할을 이해하고 지혜로운 멘토링을 위한 심리적 동기를 마련한다.
	공적 멘토	신명기의 말씀과 느헤미야의 사례를 통해 공적 멘토의 자질을 확인하고 지도자 선출에 있어 우리의 책임을 인식한다.
가족	우리 가족	가족의 특징을 이해하고 가정 안에서 문제가 어디서 비롯되는지를 고찰한다.
	행복한 가정	시편을 통해 행복한 가정의 모습을 이해하고 오늘날 결혼이나 출산, 양육을 기피하는 이유와 해결 방안에 대해 숙고한다.
	결혼 또는 비혼	말씀을 통해 결혼에 대한 성경적 관점을 이해하고 주님의 뜻 가운데 결혼 여부를 결정하기로 결단한다.
	주님 안의 한 가족	마가복음과 사도행전을 통해 교회란 어떤 곳인지를 이해하고 서로의 필요를 돌볼 수 있는 실천 방법을 모색한다.

친구
Friend

1과

내 친구

생각열기

1 여러분은 '친구' 하면 누가 제일 먼저 떠오릅니까? 왜 그렇습니까?

2 내 친구와 나는 어떤 면에서 잘 통합니까?

성찰하기

1 여러분이 친구를 사귈 때 중요하게 생각하는 것은 무엇입니까?(예. 비슷한 성향, 취미, 외모, 재미, 말투, 분위기 등)

2 좋은 친구 관계를 유지하기 위해서는 무엇이 중요할까요?

살펴보기

말씀 속에서 좋은 친구 관계를 살펴봅시다.

| 다윗과 요나단 |

그들은 어떻게 친구가 되었습니까? 삼상 17:57-18:4

그들 사이에 어떤 문제가 생겼습니까? 삼상 18:5-9

요나단은 다윗을 위해 어떤 일을 했습니까? 삼상 19:1-7

요나단은 다윗과의 약속을 어떻게 지켰습니까? 삼상 20:35-42

다윗은 요나단과의 약속을 어떻게 지켰습니까? 삼하 9:1-8

| 다니엘과 세 친구 |

그들은 어떻게 친구가 되었습니까? 단 1:1-7

그들은 어떤 일에 함께했습니까? 단 1:8-16

그 결과 그들은 어떻게 되었습니까? 단 1:17-20

그들은 위기 속에서 어떻게 힘을 합쳤습니까? 단 2:1-19

그들은 또한 어떤 도전에 함께 대처했습니까? 단 3:8-18

더 생각해보기

1 이들은 어떤 점에서 좋은 친구라고 할 수 있습니까?

2 만일 요나단이 다윗을 배신했다든지, 다니엘의 친구들이 다니엘
과 뜻을 같이하지 않았다면 일은 어떻게 되었을까요?

3 여러분에게는 요나단이나 다니엘의 친구들과 같은 친구가 있습
니까?

2과

유유상종

생각열기

1 여러분은 성격유형검사(MBTI)를 해 본 적이 있습니까? 여러분과 여러분의 친구는 어떤 유형에 속합니까?

2 여러분은 서로 다른 관점을 통해 새로운 통찰을 얻은 적이 있습니까?

성찰하기

1 옛말에 '유유상종'이라는 말이 있습니다. 이에 동의합니까?

2 생각이나 성격이 비슷한 사람들끼리 모일 때의 장단점은 무엇일까요?

살펴보기

말씀을 통해 관점의 다양성이 필요한 이유를 살펴봅시다.

| 르호보암 |

당시 상황은 어땠습니까? 왕상 11:43-12:5

르호보암은 이 문제를 누구와 상의했습니까? 왕상 12:6-11

두 가지 안 중에서 여러분은 어떤 안을 선택하겠습니까?

르호보암은 결국 누구의 의견을 따랐습니까? 왕상 12:12-14

결국 이 일은 어떤 결과를 초래했습니까? 왕상 12:15-20

| 아합 |

당시 상황은 어땠습니까? 왕상 22:1

이때 누가 누구에게 어떤 제안을 했습니까? 왕상 22:2-4

여기서 여호사밧은 무엇을 알고자 했습니까? 왕상 22:5-12

미가야는 어떤 이견을 냈습니까? 왕상 22:19-23

이 일은 결국 어떻게 되었습니까? 왕상 22:34-37

더 생각해보기

1 이 두 가지 사례는 우리에게 어떤 가르침을 줍니까?

2 지위나 외모, 성향, 사고방식 등이 자기와 다르다는 이유로 다른 사람을 따돌리는 것을 경험한 적이 있습니까?

3 나와 다른 사람을 통해 배운 것이 있다면 그것은 무엇입니까?

3과

이성 교제

 생각열기

1 여러분의 첫사랑은 누구였습니까?

2 여러분은 연애결혼과 중매결혼(소개팅 포함) 중에서 무엇을 선호합니까?

성찰하기

1 여러분은 이성을 사귈 때 무엇을 중요하게 봅니까?(예. 성격, 외모, 학벌, 능력, 재산, 가정환경, 말투, 의사소통 등)

2 왜 그것을 중요하게 생각합니까?

살펴보기

말씀 속에서 이성 교제를 할 때 무엇이 중요한지를 살펴봅시다.

| 룻과 보아스 |

당시 룻은 어떤 처지에 있었습니까? 룻 1:1-5

룻과 보아스의 첫 만남은 어떻게 이루어졌습니까? 룻 2:1-7

보아스는 어떤 사람입니까? 룻 2:8-9

보아스는 룻을 어떻게 대했습니까? 룻 2:10-16

그들은 어떻게 서로에 대한 마음을 확인하게 되었습니까? 룻 3:6-15

| 삼손과 딤나의 여자 |

삼손은 누구를 좋아하게 되었습니까? 삿 14:1-2

삼손은 왜 그녀를 좋아했습니까? 삿 14:7

이에 대해 삼손의 부모는 어떤 입장이었습니까? 삿 14:3

결국 그들의 결혼은 어떻게 되었습니까? 삿 14:20-15:2

이 사건은 우리에게 무엇을 가르쳐줍니까?

더 생각해보기

1 두 가지 사례를 비교해 보면 어떤 차이가 있습니까?

2 이성 교제에 있어 종교적 배경은 얼마나 중요하다고 생각합니까?

3 부모님이나 가까운 지인의 의견이 이성 교제에 영향을 줍니까?

4과

참된 친구

생각열기

1 '어려울 때 친구가 진짜 친구'라는 말이 있습니다. 이에 대해 동의
합니까?

2 친구를 위해 여러분은 어떤 손해(금전적, 시간적, 육체적 등)를 감수할
수 있습니까?

성찰하기

1 여러분에게 진짜 친구는 어떤 친구입니까?

2 만일 믿었던 친구로부터 배신을 당한다면 마음이 어떨까요?

살펴보기

말씀 속에서 참된 친구는 어떤 친구를 의미하는지 살펴봅시다.

| 주님의 친구들 1 |

주님은 어떤 사람들과 친하게 지내셨습니까? 마 9:9-10

주님은 왜 그들과 친하게 지내셨습니까? 마 9:11-13

주님은 어떤 사람을 참된 친구라고 하셨습니까? 요 15:13-14

주님은 자기 친구들을 어떻게 대하셨습니까? 요 13:1

제자들은 참된 친구로서 역할을 했습니까? 막 14:50-52

| 주님의 친구들 2 |

제자들 가운데 친구가 아니었던 사람은 누구였습니까? 요 13:2

주님은 그 사실을 알고 마음이 어땠을까요? 요 13:21

주님은 그를 어떻게 대하셨습니까? 요 13:3-11

그는 어떻게 주님을 배신했습니까? 요 18:1-5

주님은 어떻게 끝까지 제자들을 지켜주셨습니까? 요 18:6-9

더 생각해보기

1 여러분은 누군가에게 참된 친구입니까?

2 믿었던 사람의 배신은 큰 상처를 남깁니다. 여러분이 누군가를 배신한 적은 없었습니까?

3 주변에 어려운 상황에 처해 있는 친구가 있는지 돌아봅시다. 예를 들어, 학교 폭력이나 따돌림을 당하는 사람을 어떻게 도와줄 수 있겠습니까?

멘토
Mentor

멘토 Mentor

1과　도움이 필요할 때

생각열기

1 누군가의 도움이 필요할 때 여러분은 주변에 도움을 잘 요청하는 편입니까? 아니면 혼자서 해결하는 편입니까?

2 이 두 가지 방식의 장단점은 무엇이라고 생각합니까?

성찰하기

1 여러분에게 곤란한 일이 생겼을 때 큰 도움을 준 사람이 있었습니까? 언제, 누구로부터 어떤 도움을 받았습니까?

2 그것에 대해 여러분은 어떻게 감사한 마음을 전했습니까?

살펴보기

말씀을 통해 멘토의 필요성을 살펴봅시다.

| 한나 |

한나에게는 어떤 문제가 있었습니까? 삼상 1:1-8

이때 한나는 어떻게 했습니까? 삼상 1:9-11

누가 한나에게 도움을 주었습니까? 삼상 1:12-18

주님은 한나에게 어떤 은혜를 베푸셨습니까? 삼상 1:19-20

한나는 자신이 받은 은혜를 어떻게 감사했습니까? 삼상 1:21-28

| 니고데모 |

니고데모는 왜 주님을 찾아왔을까요? 요 3:1-2

주님과 니고데모의 대화는 어떤 의미가 있습니까? 요 3:3-15

이후 니고데모에게 어떤 변화가 있었을까요? 요 7:45-52

니고데모의 행동은 어떤 의미가 있습니까? 요 19:38-42

니고데모의 삶에 있어 예수님은 어떤 분이셨을까요?

더 생각해보기

1 이런 내용을 통해 볼 때 인생의 멘토는 왜 필요할까요?

2 여러분은 어떤 문제(부분)를 멘토와 상의하고 싶습니까?

3 여러분은 어떤 분을 멘토로 삼고 싶습니까?

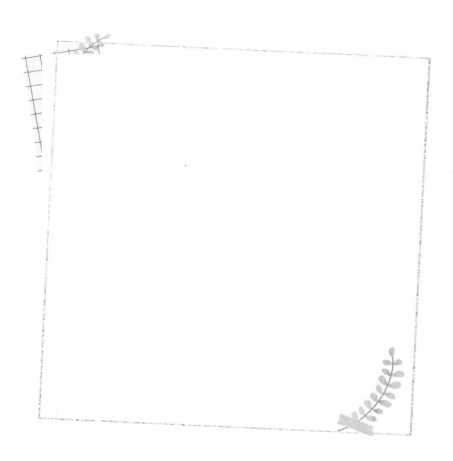

2과

인생의 멘토

 생각열기

1 나다니엘 호손의 소설 〈큰 바위 얼굴〉을 읽어보았습니까? 생각
   나는 내용이나 느낌을 말해봅시다.

2 여러분이 닮고 싶은 사람은 누구입니까? 왜 그분을 닮고 싶습니
   까? 닮고 싶은 사람이 없다면 그 이유는 무엇입니까?

성찰하기

1 흔히 사랑하는 사람들끼리 닮아간다고 합니다. 왜 그런 일이 생
   길까요?

2 현재 나의 모습은 누구를 많이 닮아있는 것 같습니까?

살펴보기

말씀 속에서 멘토의 중요성을 살펴봅시다.

| 엘리야와 엘리사 |

엘리야는 어떤 사람입니까? 왕상 17-18장

당시 엘리야는 어떤 상황에 처해 있었습니까? 왕상 19:14

이에 주님은 어떤 준비를 해놓으셨습니까? 왕상 19:15-16

엘리사는 어떤 소원을 가지고 있었습니까? 왕하 2:9-11

이후 엘리사는 어떻게 되었습니까? 왕하 2:12-14

| 바울과 디모데 |

바울과 디모데는 어떻게 만나게 되었습니까? 행 16:1-3

바울은 소천을 앞두고 어떤 상황에 있었습니까? 딤후 4:6-8

디모데는 바울에게 어떤 존재였습니까? 딤후 1:1-5

바울을 통해 디모데는 무엇을 배웠습니까? 딤후 3:10-17

디모데를 향한 바울의 마지막 부탁은 무엇이었습니까? 딤후 4:1-5

더 생각해보기

1 좋은 사람을 통한 영향력은 이처럼 매우 큽니다. 여러분은 누구에게 이런 영향력을 끼치고 싶습니까?

2 그동안 여러분이 만난 분들을 떠올려 봅시다. 오늘의 내가 있기까지 도움을 주신 분에게 어떻게 감사를 표현할 수 있을까요?

3 최근 문제시되고 있는 가스라이팅, 그루밍은 목적이나 방법에 있어 어떤 문제가 있을까요?

멘토 Mentor

3과

지혜로운 멘토링

생각열기

1 여러분은 지식이나 지혜의 가치를 얼마나 중요하게 여깁니까?

2 지식과 지혜는 어떤 점에서 차이가 있습니까? 가령 지혜로운 사람은 어떤 사람입니까?

성찰하기

1 여러분 곁에는 듣기 싫어도 여러분을 위해 충고해 주는 사람이 있습니까?

2 그런 충고에 대해 여러분은 기꺼이 수용하는 편입니까, 아니면 간과하는 편입니까?

살펴보기

말씀을 통해 올바른 멘토의 역할을 살펴봅시다.

| 다윗과 나단 |

사건은 어떻게 일어났습니까? 삼하 11:1-5

다윗은 어떻게 잘못을 덮으려고 했습니까? 삼하 11:6-13

다윗의 잘못은 어떻게 더 심화되었습니까? 삼하 11:14-17

나단은 다윗의 잘못을 어떻게 일깨워 주었습니까? 삼하 12:1-12

이에 대해 다윗은 어떻게 반응했습니까? 삼하 12:13-17

| 에스더와 모르드개 |

에스더와 모르드개는 어떤 관계입니까? 에 2:5-7

그들에게 어떤 문제가 생겼습니까? 에 3:1-11

모르드개는 에스더에게 무엇을 요청했습니까? 에 4:1-8

이에 에스더는 어떻게 반응했습니까? 에 4:9-11

이때 모르드개는 에스더에게 어떻게 충고했습니까? 에 4:12-17

더 생각해보기

1 이런 내용을 통해 볼 때 올바른 멘토에게는 어떤 역할이 요구됩니까?

2 여러분은 나단이나 모르드개처럼 신분 고하를 막론하고 사람들의 잘못된 행동이나 생각에 대해 그것이 잘못이라는 점을 깨닫도록 지혜롭게 권면할 수 있습니까?

3 또한 여러분은 다윗이나 에스더처럼 듣기에 좋지 않을지라도 올바른 목소리에 귀를 기울일 수 있겠습니까?

멘토 Mentor

4과

공적 멘토

생각열기

1 사회 내 위기가 생길 때 사람들은 누구의 견해를 듣고 싶어 합니까?

2 우리 사회에서 누구의 견해가 통찰력이 있다고 생각합니까?

성찰하기

1 여론을 이끄는 오피니언 리더는 어떤 역량을 갖춰야 한다고 봅니까?(예. 통찰력, 공동선 추구, 올바른 철학, 정직, 창의력, 소통 역량, 품위 등)

2 선거 과정에서 여러분은 이런 자질들을 고려하여 지도자를 선출합니까? 아니면 어떤 부분을 보고 뽑습니까?

살펴보기

말씀 속에서 훌륭한 지도자는 어떤 자질을 지녀야 하는지 살펴봅시다.

| 정의로운 판결 |

주님은 어떤 사람이 지도자로 적합하다고 하셨습니까? 신 16:18-20

왕은 어떤 요건을 갖추어야 합니까? 신 17:14-17

왕으로서 지켜야 할 의무는 무엇입니까? 신 17:18-20

왕이 피해야 할 것은 무엇입니까? 잠 31:1-5

지도자는 특히 누구에게 관심을 기울여야 합니까? 잠 31:8-9

| 지혜와 청렴함 |

당시에 느헤미야는 어떤 어려움에 처해 있었습니까? 느 4:7-11

느헤미야는 이 문제를 어떻게 해결했습니까? 느 4:13-18

그밖에 또 어떤 문제가 있었습니까? 느 5:1-5

느헤미야는 이 문제를 어떻게 해결했습니까? 느 5:6-12

지도자로서 느헤미야는 어떤 점에서 훌륭합니까? 느 5:14-18

더 생각해보기

1 사회 또는 교회 내에서 리더와 멤버의 책임 비중은 얼마나 된다고 생각합니까?(예. 5:5, 7:3, 4:6 등)

2 앞서 살펴본 내용을 볼 때 어떤 사람이 훌륭한 지도자가 될 수 있습니까?

3 현 정치가들은 우리 사회를 이끄는 지도자로서 충분한 자격을 갖추고 있다고 생각합니까?

가족
Family

가족 Family

1과
우리 가족

 생각열기

1 내 가족을 간단히 소개해 봅시다. 우리 가족은 어떤 특징을 가지고 있습니까?

(예. 말수가 적다, 흥이 많다, 자기주장이 강하다, 가부장적이다 등)

2 여러분에게 있어서 가족은 한 마디로 어떻게 표현할 수 있습니까?

성찰하기

1 현재 우리 가족을 가장 힘들게 하는 것은 무엇입니까?

2 가족 구성원들 간의 관계는 어떻습니까?

살펴보기

말씀 속에서 가정의 문제들을 살펴봅시다.

| 부부간의 불화 |

다윗은 누구와 결혼했습니까? 삼상 18:20-27

그들의 결혼생활은 왜 순탄치 못했습니까? 삼상 19:11-17

왕이 된 후 다윗은 누구를 되찾았습니까? 삼하 3:12-16

그들은 왜 화합하지 못했습니까? 삼하 6:16-22

결과는 어떻게 되었습니까? 삼하 6:23

| 형제간의 불화 |

이삭의 가정에는 어떤 문제가 있었습니까? 창 25:22-26

부모는 각각 누구를 편애했습니까? 창 25:27-28

그들은 어떤 점에서 차이가 있었습니까? 창 25:29-34

그런 가운데 어떤 일이 생겼습니까? 창 27:1-10

형제는 어떻게 불화하게 되었습니까? 창 27:11-41

더 생각해보기

1 이런 내용을 종합하면 불화는 무엇으로부터 연유합니까?

2 부모의 편애는 자녀들에게 악영향을 미칩니다. 지혜로운 부모라면 어떤 역할을 해야 할까요?

3 가정마다 문제가 없을 수 없습니다. 주님은 왜 이런 문제들을 우리에게 허락하실까요?

가족 Family

2과

행복한 가정

생각열기

1 여러분이 생각하는 행복한 가정은 어떤 모습입니까? 또는 미래에
어떤 가정을 꿈꿉니까?

2 현재 우리 가정은 어떻습니까?

성찰하기

1 가족의 행복을 방해하는 문제들이 종종 발생합니다. 어떤 것이
있습니까?

2 가족 간의 행복한 관계를 위해 꼭 필요한 것이 무엇이라고 생각
합니까?

살펴보기

성경은 행복한 가정에 대해 어떻게 말씀하시는지 살펴봅시다.

| 시편 |

시편에 따르면 행복은 어디에서부터 비롯됩니까? 시 128:1-2

시편에서 묘사되는 이상적인 가정은 어떤 모습입니까? 시 128:3

여기서 사용된 이미지들은 어떤 느낌을 줍니까?

성경은 자녀를 양육하는 것에 대해 어떻게 말씀하고 있습니까?

시 127:3-5

이에 대해 여러분은 어떻게 생각합니까?

| 에베소서 |

부부는 서로 어떻게 대해야 합니까? 엡 5:22-28

이런 맥락에서 '남편이 아내의 머리가 된다'는 말은 무슨 의미일까요?

바울은 자녀들에게 어떤 권면을 합니까? 엡 6:1-3

이때 '주 안에서 순종하라'는 조건은 어떻게 해석할 수 있습니까?

자녀에 대한 부모의 책임은 무엇입니까? 엡 6:4

더 생각해보기

1 이런 내용을 종합해 볼 때 가정의 행복을 위한 비결은 무엇입니까?

2 한편, 자녀를 갖고 싶어도 자녀가 생기지 않는 부부들에게 이런 말씀은 어떤 영향을 미칠 수 있을까요?

3 오늘날 결혼이나 출산, 양육을 기피하게 되는 사회적 요인과 해결 방안은 무엇일까요?

가족 Family

3과

결혼 또는 비혼

생각열기

1 여러분은 결혼에 대해 어떤 생각을 하고 있습니까? 아직 미혼이라면 결혼하고 싶습니까? 아니면 결혼이 부담스럽습니까?

2 왜 그런 생각을 하게 되었습니까?

성찰하기

1 최근 비혼이 늘어나고 있는데 이유는 무엇일까요? 이에 대해 어떻게 생각합니까?

2 결혼했을 때와 결혼을 하지 않았을 때 각각 어떤 장단점이 있을까요?

살펴보기

말씀 속에서 결혼의 의미를 살펴봅시다.

| 아담과 하와 |

주님은 무엇을 좋지 않게 보셨습니까? 창 2:18

주님이 사람을 한 명 더 만드신 데에는 어떤 목적이 있습니까?

창 2:18-22

아담의 갈빗대로 여자를 만드셨다는 것은 어떤 의미가 있을까요?

아담은 여자를 보고 어떻게 반응했습니까? 창 2:23

주님은 결혼을 어떤 의미로 제정하셨습니까? 창 2:24

| 바울 |

바울은 결혼이 왜 필요하다고 합니까? 고전 7:1-5

비혼에 대해 바울은 어떻게 말합니까? 고전 7:6-9

결혼과 이혼에 대해 바울은 어떤 입장입니까? 고전 7:10-11

신앙이 없는 배우자에 대해 바울은 어떤 권고를 합니까? 고전 7:12-16

바울은 왜 비혼을 추천합니까? 고전 7:32-34

더 생각해보기

1 이런 내용을 종합할 때 결혼에 대한 성경적 관점을 어떻게 요약할 수 있습니까?

2 누군가 창세기의 말씀에 근거해 "여자는 남자를 돕기 위해 지어졌다"라고 주장한다면 뭐라고 말하겠습니까?

3 결혼을 한 후에도 부모가 자녀의 의사결정 과정에 개입하는 것을 어떻게 생각합니까?

가족 Family

4과

주님 안의 한 가족

생각열기

1 여러분은 어떤 공동체에서 가족 같은 느낌을 받은 적이 있습니까? 언제, 왜 그렇게 느꼈습니까?

2 한 가족이 된다는 말은 어떤 의미를 담고 있습니까?

성찰하기

1 여러분은 만약 자신, 또는 누군가가 경제적인 어려움에 처하게 된다면 교회에 그것을 알리겠습니까? 아니면 알리지 않겠습니까?

2 위의 질문과 관련해서 여러분은 교회가 왜 필요하다고 생각합니까?

살펴보기

말씀을 통해 교회는 어떤 곳인지 살펴봅시다.

| 하나님의 뜻 안에서 한 식구가 되는 곳 |

어느 날 예수님을 찾아온 사람은 누구입니까? 막 3:31-32

이에 예수님은 뭐라고 말씀하셨습니까? 막 3:33-34

예수님의 이런 반응에 대해 여러분은 어떻게 생각합니까?

예수님은 누가 자신의 가족이라고 말씀하셨습니까? 막 3:35

이 말을 들은 청중들은 어떤 생각이 들었을까요?

| 서로의 필요를 채워주는 곳 |

초대교회는 어떻게 시작되었습니까? 행 2:1-4

베드로의 설교를 통해 어떤 일이 벌어졌습니까? 행 2:37-42

그 결과 어떤 일이 나타났습니까? 행 2:43-47

초대교회는 어떤 특징을 나타냈습니까? 행 4:32-37

어떻게 그런 일이 가능했을까요?

더 생각해보기

1 초대교회와 비교해 볼 때 오늘날 교회는 어떤 부분에서 변화가 필요하다고 생각합니까?

2 교회는 교회 내의 가난한 사람들이나 지역사회 내의 경제적 어려움을 겪는 사람들을 위해 어떤 실천 방안을 모색할 수 있겠습니까?

3 만일 교회 구성원들이 공동 모금을 통해, 또는 각자에게 남는 물건들을 모은 공동창고를 지역사회에 개방한다면 어떤 일이 생길 것 같습니까?

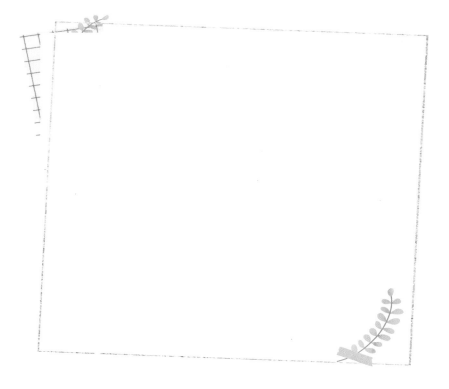

부록

교재의 의미와 개요

I. 시대적 요청과 기독교교육의 방향

코로나 이후 한국 교회는 공동체성의 함양과 다음세대 양육에 대해 고민이 깊다. 사회 내에서 기독교에 대한 반감이 깊은 상황 속에서 교회는 다시 부흥을 꿈꿀 수 있을까? 이를 위해 우리는 먼저 기존의 기독교교육에 대해 고찰할 필요가 있다. 흔히 '기독교교육'이라면, 어린이나 청소년을 대상으로 하는 교육, 또는 목회자의 설교를 떠올리기 쉽다. 그러나 신자들의 삶이 일반인들과 다른 점이 없다든지, 우리 사회가 정의롭고 평화로운 사회로 나아지는 것이 아니라 오히려 갈등과 폭력이 심각해진다면 우리는 과연 어떤 목적으로 기독교교육을 수행했는지를 반성하지 않을 수 없을 것이다.

전통적으로 교육과정은 랄프 타일러(Ralph W. Tyler)의 방식에 따라 교육목표의 설정과, 학습경험의 선정 및 조직, 평가의 체계성이 강조되었고 이런 원리는 기독교교육에도 적용되었다. 그러나 학습효과 측면에서 의문이 제기되면서 기독교교육에 행동주의 이론이 도입되었고 교육의 효율성을 증대하고자 했다. 그 이후에는 교육의 방향성이 누구의 이익을 위한 것이었는지를 물

으면서 재개념주의 교육과정론이 도출되었고, 기독교교육 분야에서도 역시 교육의 결과로 하나님의 뜻이 성취되었는지, 잠재적 교육과정 가운데 비기독교적인 요소는 없었는지를 점검하려는 움직임이 나타났다.[1]

따라서 우리는 기존의 기독교교육이 교회 유지를 위해 성장주의를 지향하며 행동주의에 근거해 신자들을 보상체제로 길들이려고 하지 않았는가를 비판적으로 고찰해야 한다. 또한 사회질서 유지를 위한 윤리나 도덕으로 기독교를 환원시키는 오류를 범하지 않았는지 재고해야 할 것이다. 그 까닭은 기독교교육의 궁극적인 지향점이 사회질서 유지에 있지 않고 예수 그리스도의 비전, 곧 하나님 나라에 있기 때문이다.[2] 하나님 나라는 삼위일체 하나님의 관계성과 평등성, 개방성의 특징을 지닌다.[3]

그러나 세계화된 현대 사회는 무한경쟁 시스템 속에서 적자생존과 각자도생을 강조함으로써 고립과 차별, 승자독식의 문제를 초래했다. 이기주의와 양극화의 심화로 공동체성과 평등의 가치가 훼손되었고 불안과 스트레스로 인해 심리·정신적 고통이 만연하다. 또한 기후·환경 위기로 온 피조 세계가 고통을 겪고 있다. 출애굽과 그리스도의 구속 사건을 이루신 하나님께서는 이런 고통에 함께 하신다. 우리 역시 하나님의 사역에 참여함으로써 예수 그리스도의 비전을 공유할 수 있다.

이 교재는 신자들로 하여금 이런 현실을 도외시하지 않고 하나님 나라의 비전을 삶의 중심에 위치시킴으로써 정의와 평화, 사랑과 긍휼의 공동체를 회복할 수 있게 기획되었다. 특히 구약의 희년(Jubilee)이 하나님 나라의 회복과 어떤 관련성이 있는지를 이해하게 하고 사회 내 만연한 고통의 문제를 해

---

1 강희천, 『기독교교육의 비판적 성찰』(서울: 대한기독교서회, 1999), 49-68.
2 토마스 H. 그룹/이기문 옮김, 『기독교적 종교교육』(서울: 대한예수교장로회총회교육부, 1983), 68.
3 김현숙, 『탈인습성과 기독교교육』(서울: 대한기독교서회, 2004).

결하기 위해 어떤 방법을 강구해야 할지를 모색하게 한다.

이런 교육목적 가운데 이 교재는 세 가지 교육목표를 갖는다. 그것은 첫째, 소그룹 구성원들의 개방적 성찰을 격려하는 것이다. 그동안 학교교육을 통해 무의식적으로 수용했던 비성경적인 가치관을 말씀의 거울에 비추어 비판적으로 재고함으로써 과연 그것이 하나님 나라와 양립할 수 있는지, 만일 모순이 존재한다면 어떤 가치를 포기하고 어떤 가치를 따라야 하는지 등을 숙고하게 한다. 둘째, 관계적 소통을 촉진한다. 믿음 안에서 한 가족이 된 성도들은 상호 배려 가운데 어떤 경험을 통해 그런 생각을 갖게 되었는지 이야기를 경청함으로써 서로를 이해할 수 있게 될 것이다. 셋째, 평등적 나눔을 도전한다. 승자독식을 정당화하는 사회와 달리, 성도들은 하나님 나라의 청지기로서 자신이 받은 은혜를 함께 나눔으로써 화평 가운데 서로의 부족한 부분을 채우게 될 것이다.

II. 교재의 특징과 학습 운영 방법

보통 소그룹에서 사용하는 제자훈련 교재들은 구원의 확신으로부터 출발해 기독교인의 기본적 소양에 대한 이해를 돕는다는 점에서 신앙경력에 따른 단계별 학습이 가능하다는 점과, 재생산의 구조를 통해 교회 성장에 기여한다는 점 등의 장점을 지닌다. 그러나 제자훈련의 궁극적인 방향이 개교회의 부흥만이 아니라 공교회적으로 하나님 나라로 수렴되는가에 대한 질문이 제기될 수 있다. 또한 제자훈련 교재는 주로 영혼 구원과 양육에 초점이 있다 보니 변화하는 사회적 정황과 말씀이 서로 어떻게 관련되는지 통찰하게 하는 데 한계가 있다. 말씀의 맥락을 고려하지 못한 단답형의 문답 형식도 성경 이해를 단순화시키는 문제를 초래할 수 있다.

한편, 월간 큐티 교재나 성경읽기표 등을 활용하여 말씀을 묵상하고 각자 묵상한 말씀을 소그룹을 통해 서로 나누는 방법도 교회 교육 현장에서 병용되고 있다. 이런 방법은 규칙적으로 성경을 읽게 하고 본문 전후 맥락 속에서 각 부분의 의미를 살필 수 있게 한다는 장점이 있다. 그러나 성경 전체를 다루는 데 오랜 시간이 필요하고 성경의 맥락에 집중하다 보니 사회 이슈를 역동적으로 다루는 데 역시 한계가 있다고 볼 수 있다.

또한 기존의 기독교교육은 주로 말씀 듣기와 개인적 나눔으로 이루어지는 것이 일반적이어서 교회에서는 선포적, 고백적 언어를 많이 사용하는 경향이 있다. 이런 언어 형식은 상호적이라기보다는 일방적이라는 한계를 노출한다. 또한 최근 사회적 이슈와 관련해 한국 교회는 소통의 한계를 드러냈다. 그러나 민주주의 사회에서는 자신의 의견을 논리적으로 제시하고 이견이나 반론에 대해 합리적으로 대응할 수 있는 성숙한 태도와 의사소통의 기술이 요구된다.

실천신학자 존 콜먼(John A. Colemann)에 따르면, 성도들은 제자직(discipleship)과 시민직(citizenship)의 균형감을 가지고, 사회 내 권력의 남용이나 횡포를 견제하고 비판할 수 있도록 세상과 소통할 수 있는 역량을 갖추어야 한다.[4] 따라서 다양한 사회적 이슈에 대해 토론을 활성화함으로써 서로 의견이나 질문을 교환하고 말씀에 기초해 성경적 대안을 모색할 수 있도록 기독교교육의 장을 마련해야 할 필요가 있다.

이에 이 교재는 성인을 대상으로 일상의 화제로부터 시작하여 사회적 이슈와 자신의 신앙이 어떻게 관련되는지를 고찰하게 한다. 소그룹 구성원들

4　John A. Coleman, "The Two Pedagogies: Discipleship and Citizenship," *Education for Citizenship and Discipleship*, ed. Mary C. Boys (New York: Pilgrim, 1989), 35-75.

은 서로 자유롭게 토론하고 의견을 나누는 가운데 생각의 폭을 넓히고 다양한 견해들을 어떻게 다루어야 할지를 배울 수 있을 것이다. 이로써 구성원들의 성찰 역량과 소통 역량, 나눔 역량을 강화할 수 있다.[5]

좀 더 구체적으로 이 교재는 기독교교육학자 토마스 그룸(Thomas H. Groome)의 교육방법을 활용하여 우선 중심 주제에 대한 각자의 평소 생각을 나누게 함으로써 소그룹 구성원들의 현재 상태를 이해한다. 다음으로, 각자 가지고 있던 견해나 행동이 어디서부터 출발했으며 그 결과는 무엇인지에 대해 성찰할 수 있게 한다. 이후 소그룹 리더는 주제와 관련된 기독교의 이야기와 그것이 요청하는 신앙적 응답을 제시함으로써 구성원들로 하여금 각자 자신의 이야기와 기독교의 이야기를 변증법적으로 연결시키고, 자신의 비전과 기독교의 비전을 결합해 나갈 수 있게 하는 것이다.[6]

이런 과정에 따라 이 교재는 공통적으로 각 과마다 네 단계로 구성되는데, 먼저 '생각 열기'에서는 소그룹 구성원들이 부담 없이 대화를 시작할 수 있도록 일상적인 질문을 배치했다. 이어 '성찰하기'에서는 앞서 나눈 내용을 좀 더 심화시킬 수 있는 질문들로 구성했다. 다음으로 '살펴보기'에서는 지금까지 서로 나눈 내용을 말씀에 비추어 보도록 문답식으로 질문을 구성했다. 이때 해당 본문의 전후 맥락을 살펴볼 수 있도록 했다. 마지막으로 '더 생각해보기'에서는 앞서 다룬 내용을 정리하고, 그 밖의 질문거리 및 구체적인 실천방안 등을 다루도록 했다.

그 외에 분기별로 한번씩 '실천하기'(부록 참고)를 통해 외부 활동을 진행할 수 있도록 했다. 예를 들면, 의미 있는 유적지나 기관을 방문하거나, 국내 또

---

5   유은주, "세계화 시대의 희년 공동체 형성을 위한 탈인습적 기독교 성인교육 연구"(연세대학교 박사학위 논문, 2019), 141-160.

6   토마스 H. 그룸, 『기독교적 종교교육』 298-340.

는 해외 아웃리치, 지역 주민을 위한 바자회 개최, 환경보호를 위한 아나바다 운동, 탄소금식 운동 등을 소그룹 구성원들 스스로가 계획하고 참여하게 함으로써 바쁜 일상 속에서 쉽게 간과되었던 부분에 대해 관심을 환기하고, 비록 작더라도 변화를 위한 사회적 행동에 동참할 수 있도록 계기를 마련할 수 있다.

교육내용의 선정과 조직은 미국 프린스턴 신학대학원의 교수였던 리처드 아스머(Richard R. Osmer)의 신앙의 네 가지 차원을 고려하여 신념편, 관계편, 신비편, 헌신편으로 구성했다. 먼저 신념편에서는 우리가 기독교를 신앙하는 궁극적인 이유에 대한 신념 및 삶의 궁극적인 가치에 대한 신념, 또한 우리의 삶에서 마주하게 되는 수많은 선택과 관련된 신념에 대해 성찰한다. 다음으로 관계편에서 친구와의 관계 및 가족 내에서 어떤 특징이나 문제가 있는지 등을 고찰하고 지혜로운 멘토링을 통한 해결의 방안을 다룬다. 신비편에서는 영적인 측면에서 인생을 어떻게 바라봐야 할지, 기독교 신앙이 어떤 점에서 세속적 가치관과 차이가 있으며 인생에서 마주하게 되는 고난의 문제를 어떻게 해석해야 할지 등에 대해 고찰한다. 마지막으로 헌신편에서는 기독교적 사랑 및 회복의 진정한 의미를 다룸으로써 예수 그리스도의 본을 좇는 섬김의 삶을 결단하게 한다.

교육내용과 관련하여 이 교재는 성경 전체의 내용을 통전적으로 이해할 수 있도록 구약과 신약 어느 한쪽에 치우치지 않고 균형 있게 다루려고 했으며, 기존의 기독교교육이 잘 다루지 않았던 부분들을 조명하여 그 의미를 고찰하고자 했다는 점에서 특징이 있다. 일례로, 레위기 25장에 기록되어 있는 희년법은 그동안 그 의미와 가치에 대해 종종 간과되었는데 하나님 나라의 회복이라는 관점에서 이런 부분들을 주의 깊게 살펴볼 필요가 있다.

이로써 소그룹 구성원들은 말씀을 들여다보면서 무엇이 주님이 바라시는 모습일까를 고민하고 자기 자신이나 자기 교회만을 위한 동기가 아니라 하나님 나라의 비전 가운데[7] 성숙한 신앙과 올바른 실천으로 나아가게 될 것으로 기대한다. 소그룹 운영시간은 인원수와 나눔의 깊이에 따라 상이할 수 있지만 평균적으로 한 과당 90~120분 정도 소요될 수 있고 필요에 따라 간소화될 수 있다. 더욱 깊은 성찰과 나눔을 위해서는 한 과를 두 주에 걸쳐 진행하는 것도 고려해볼 만하다.

---

7 Bonnidell Clouse, *Teaching for Moral Growth* (Wheaton, IL: Victor, 1993), 280-283.

전체 교육과정

|신념편|

주제	과	과별 제목	주제 본문
소원	1	우리의 소원	창 15장, 21장, 왕상 2-4장, 롬 4장
	2	기복신앙	시 1, 37, 73편, 마 5장
	3	주님의 비전	창 18장, 사 1, 5, 11, 58장, 마 23장
	4	주님의 기도	마 6, 26장, 막 1장
결실	1	열매 맺는 삶	시 127편, 잠 16장, 전 3, 11-12장, 요 15장
	2	후회하고 있지는 않습니까?	마 26-27장, 눅 22장, 요 21장
	3	인생의 빈 그물을 채우시는 주님	욥 29-30장, 행 9장
	4	주님께서 바라시는 열매	사 5장, 갈 5장
결정	1	선택의 기로에서	창 24장, 왕상 11장
	2	주님을 경외합니까?	창 2-3, 22장, 롬 5장, 히 11장
	3	위기의 순간에	삿 6-7장, 에 3-5장
	4	끝까지 신실하게	창 30-31장, 레 25장, 렘 34장

|관계편|

주제	과	과별 제목	주제 본문
친구	1	내 친구	삼상 17-20장, 삼하 9장, 단 1-3장
	2	유유상종	왕상 11-12, 22장
	3	이성 교제	삿 14-15장, 룻 1-3장
	4	참된 친구	마 9장, 막 14장, 요 13, 15, 18장
멘토	1	도움이 필요할 때	삼상 1장, 요 3, 7, 19장
	2	인생의 멘토	왕상 17-19장, 왕하 2장, 행 11장, 딤후 1-2, 4장
	3	지혜로운 멘토링	삼하 11-12장, 에 2-4장
	4	공적 멘토	신 16-17장, 느 4-5장, 잠 31장
가족	1	우리 가족	창 25, 27장, 삼상 18-19장, 삼하 3, 6장
	2	행복한 가정	시 127-128편, 엡 5-6장
	3	결혼 또는 비혼	창 2장, 고전 7장
	4	주님 안의 한 가족	막 3장, 행 2, 4장

| 신비편 |

주제	과	과별 제목	주제 본문
여행	1	인생여정	창 12장, 출 1-3장
	2	천로역정	엡 6장
	3	피난의 여정	룻 1-2장, 삼상 22, 25장
	4	집으로 가는 길	민 20장, 신 34장, 행 6-8장
휴식	1	쉼의 의미	창 2장, 출 20장, 렘 17장, 느 13장, 마 12장, 요 5장
	2	참된 안식을 얻으려면	왕상 19, 21장, 마 6장
	3	안식의 기반	레 25장, 민 27, 36장, 신 27장, 룻 4장, 왕상 21장
	4	쉼이 필요해	출 23장, 레 25장, 신 15장, 느 5장
고난	1	삶에 고난이 찾아올 때	창 37, 39, 41장, 행 16장
	2	섣불리 단정할 수 없는 난제	욥 1, 31, 42장, 요 9장
	3	기꺼이 짊어지는 고난	단 6장, 마 3, 11장, 막 6장
	4	고난받는 자의 편에 계시는 주님	신 27장, 삼하 11장, 왕상 21장

| 헌신편 |

주제	과	과별 제목	주제 본문
회복	1	회복을 바라는 사람들	출 1-3장, 사 42장, 겔 16장, 마 12장, 눅 4-5, 7장
	2	관계의 회복	창 29-31, 37, 44-45장
	3	영적 회복	사 59장, 암 5장, 눅 19장
	4	하나님 나라의 회복	출 22장, 신 24장, 마 20장
사랑	1	조건 없는 사랑	스 9장, 눅 10, 15장, 요 4장
	2	사랑의 교제	삼상 16-17장, 시 4, 18편, 눅 10장
	3	최고의 가치, 사랑	마 22, 25장, 요 13장, 고전 13장, 요일 3-4장
	4	사랑이라는 이름으로	삼상 2-3장, 삼하 13장
섬김	1	하나님의 어린양	출 12장, 사 53장, 히 9-10장, 빌 2장
	2	진정한 섬김	막 1-2, 6, 8, 10장
	3	주님을 섬기는 사람들	렘 35장, 욘 1-4장
	4	강요된 희생	창 29-31장, 삿 11장

소모임 활동계획표

지역/사회를 위해 어떤 활동을 계획하고 싶습니까?	• 일시 • 장소 • 유적지/기관 방문 • 국내/국외 아웃리치 • 주민 바자회/공동창고 • 탄소금식 운동 • 기타
활동의 목적 및 기대하는 결과	• • • •
활동을 위해 필요한 것들	• 예산 • 참여 인원 • 조직 • 준비물
활동을 위해 준비해야 할 일들	• 준비모임 1차) 2차) • 예산 마련 • 기도 준비 • 이동 수단 • 식사/간식 • 홍보
후속 활동	• 참여자 피드백 • 평가회 • 스태프 사례 • 다음 활동 계획

신앙의 성숙 단계

나의 신앙은 어디에 해당하는가

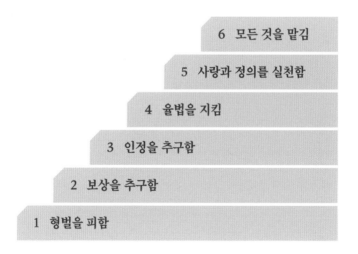

Bonnidell Clouse, *Teaching for Moral Growth: A Guide for the Christian Community Teachers, Parents, and Pastors* (Wheaton, IL: Victor, 1993), 280-283.